Monika Neubacher-Fesser

TRANSPARENTE BILDER ZUR WEIHNACHTSZEIT

MIT VORLAGEN IN ORIGINALGRÖSSE

Brunnen-Reihe

Christophorus-Verlag Freiburg

Inhalt

Bilder, die stimmungsvoll leuchten

In der Weihnachtszeit spielt das Licht eine besondere Rolle. Es heißt nicht umsonst: Weihnachten, das Fest der Lichter. Zu keiner Zeit werden mehr Kerzen angezündet als zum Jahresende. Ihr Leuchten schafft Gemütlichkeit, Ruhe und Frieden, und es ergänzt mit seinem warmen Schein die wenigen Sonnenstrahlen, die die kalte Jahreszeit uns bietet.

Bei den hier gezeigten transparenten Fensterbildern, Tischlaternen und Standbildern ist das Licht von besonderer Bedeutung, denn es bringt die bunten Papiere so richtig zum Strahlen. Daher sind die Standbilder und Tischlaternen, hinter denen eine Kerze brennt, in dieser Jahreszeit so sehr beliebt. Und die Fensterbilder leuchten auch dann in farbigem Schein, wenn sich die Sonne an einem grauen Wintertag einmal gar nicht sehen lassen will. Lassen Sie sich von ihnen und den vielen hübschen Weihnachtsmotiven in eine angenehme weihnachtliche Stimmung versetzen!

Schon Kinder können mit Hilfe der Vorlagen ihre eigenen weihnachtlichen Fensterbilder basteln. Beim Aufkleben der bunten Transparentpapiere wird vielleicht manchmal die Hilfe eines Erwachsenen nötig sein. Kleineren Kindern macht es Freude, mit bunten, selbstklebenden Transparentfolien ihre Fenster zu verschönern: die gezeigten Motive sind einfach und kinderleicht auszuschneiden.

Monika Neubacher-Fesser

Material und Hilfsmittel

Material

Für die meisten der hier vorgestellten Arbeiten wurde als Trägermaterial schwarzer Fotokarton verwendet. Es ist natürlich auch möglich, Karton in anderen Farben zu wählen.
Transparentpapiere werden im Handel in vielen Farben angeboten, in Blocks oder in großen Bögen, da sie auch zum Drachenbauen verwendet werden. Inzwischen findet man im Fachhandel auch Transparentpapiere in Regenbogenfarben mit unterschiedlichem Farbverlauf.
Selbstklebende Transparentfolien, in vielen Farben erhältlich, werden nach dem Abziehen der Trägerfolie direkt an das Fenster geklebt. Sie lassen sich später problemlos wieder abziehen. Auf ein Papier gelegt, können die Motive so nach Wunsch für das nächste Jahr aufbewahrt werden.

Werkzeug und Hilfsmittel

Eine große Schere eignet sich für lange, gerade Schnitte. Mit der Nagelschere lassen sich kleine, runde Formen gut ausschneiden. Alle Schneidearbeiten können auch mit einem Cutter ausgeführt werden. Eine stabile Unterlage ist dafür unerläßlich, z.B. ein Stück dicke Pappe (Rückseite eines Zeichenblocks oder eines Kalenders) oder eine spezielle Kunststoffunterlage. Ein Metallineal leistet gute Dienste, wenn mit dem Cutter längere, gerade Schnitte durchgeführt werden. Kinder sollten aus Sicherheitsgründen nicht mit dem Schneidemesser arbeiten, sondern eine Schere benutzen.
Zum Aufkleben der Transparentpapiere ist ein gut haftender Klebstoff, z.B. UHU-extra, nötig.
Die Vorlagen werden mit Kohlepapier auf den Fotokarton übertragen. Büroklammern verhindern beim Durchpausen ein Verrutschen der Vorlagen.

Zur Technik

Das Übertragen der Motive
Alle vorgestellten Arbeiten sind auf dem Vorlagenbogen abgedruckt. Das gewünschte Motiv direkt auf Fotokarton durchpausen, Vorlage und Fotokarton mit Büroklammern aneinander befestigen und das Kohlepapier dazwischenschieben. Dann alle Linien mit einem harten Stift nachzeichnen (Zeichnung 1)

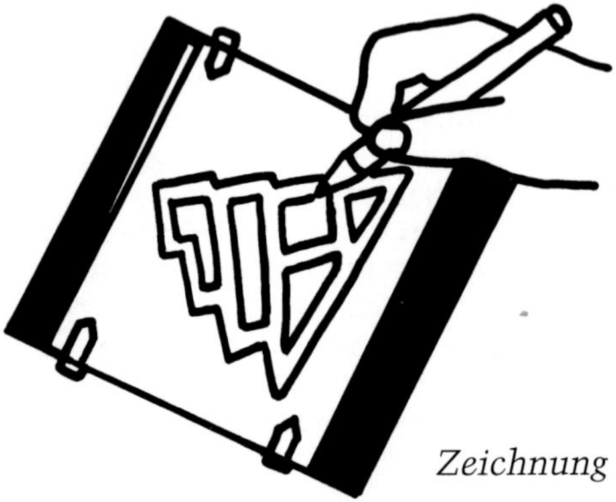
Zeichnung 1

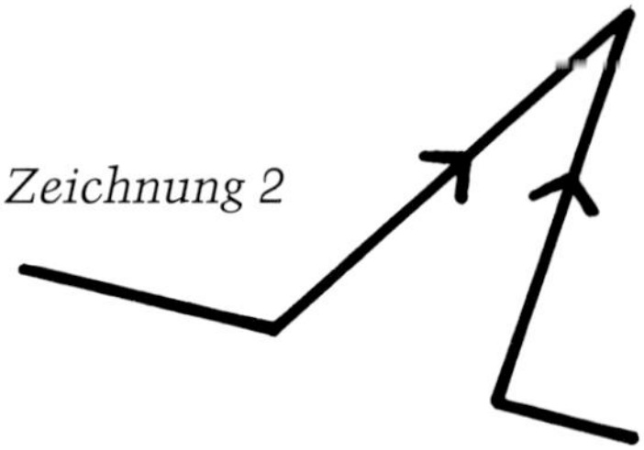
Zeichnung 2

Das Ausschneiden
Zum Ausschneiden des Motivs den Fotokarton auf eine dicke Unterlage (Karton, Pappe oder Kunststoffunterlage) legen und mit dem Cutter zuerst die Außenkonturen, dann die Innenkonturen exakt ausschneiden. Stets von innen nach außen schneiden. Das Messer immer zu den Ecken oder Spitzen des Motivs hinführen (Zeichnung 2).
Rundungen mit dem Cutter in mehreren kurzen Absätzen schneiden, dabei das Messer nicht aus dem Papier herausziehen. Am besten das Papier in die Schnittführung hineindrehen (Zeichnung 3 auf Seite 5).
Beim Arbeiten mit der Schere kann auf eine Unterlage verzichtet werden. Zuerst mit der Schere in die Mitte der auszuschneidenden

Fläche einstechen und von hier aus, eventuell in mehreren Teilstücken, exakt an den Pauslinien entlangschneiden.
Um ein Fensterbild doppelseitig zu arbeiten, muß das Motiv zweimal ausgeschnitten werden. Dazu zwei Fotokartons übereinanderlegen und mit Büroklammern befestigen.

Transparentpapiere zuschneiden
Das Transparentpapier in der gewünschten Farbe über die zu beklebende Innenfläche legen. Mit einem Stift diesen Bereich so großzügig umranden, daß die Schnittkanten etwa in der Mitte der umgebenden Fotokartonstege verlaufen (Zeichnung 4), dann das angezeichnete Papierstück entsprechend

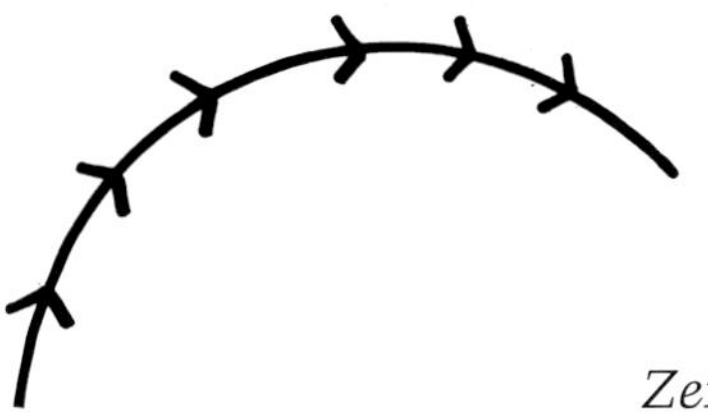

Zeichnung 3

Zeichnung 4

ausschneiden. Die Fotokartonstege mit wenig Klebstoff einstreichen und das Transparentpapier festkleben.

Die Fertigstellung
Zum Aufhängen der Fensterbilder am besten schwarze oder weiße Nähseide oder einen Nylonfaden verwenden. Dafür bei einem einfach gearbeiteten Bild mit einer dünnen Nadel den Rahmen durchstechen, einen Faden durchziehen und das Fadenende anknoten. Bei einem doppelt gearbeiteten Bild den Faden vor dem Zusammenkleben zwischen die beiden Fotokartonrahmen legen

Weihnachtsmann im Heißluftballon

Vorlage A; Abb. 2. Umschlagseite

Material
Fotokarton in Schwarz; Transparentpapier in Braun, Blau, Weiß, Gelb, Rot, Rosa, Pink; Klebstoff; Faden

Ausführung
Das Motiv auf den Fotokarton übertragen, entlang der äußeren Linien ausschneiden und dann die Innenflächen herausschneiden. Die Flächen des Ballons mit Transparentpapieren in (Farbfolge von unten) Gelb, Blau, Rot, Pink, Gelb und Rot hinterkleben, den Korb mit Braun. Mütze und Ärmel mit Rot, Bart, Ärmel- und Mützenbesatz und den Bommel mit Weiß, die Handschuhe mit Blau hinterkleben. Das Gesicht mit Rosa gestalten, auf der Rückseite zwei kleine rosafarbene Kreise als Wangen aufkleben. Vorne zwei schwarze Augen aus Fotokarton anbringen. Drei gelbe Sterne ausschneiden und von hinten auf die große gelbe Fläche des Ballons kleben.

Kerzen

Vorlage B

Das können schon die Kleinsten: Kerzen aus farbigen Transparentfolien ausschneiden und ans Fenster kleben.

Material (für 10 Kerzen)
selbstklebende Transparentfolie (50 cm breit) in Grün: 5 cm, Rot: 13 cm, Gelb: 10 cm; Folienstift

Ausführung
Die Folie mit der Rückseite nach oben auf die Vorlage legen und die Umrisse des jeweiligen Motivs in der entsprechenden Farbe mit einem Folienstift nachziehen. Beide Flammen aus gelber Folie, die Kerzen in Rot und die Zweige in Grün ausschneiden, die Folienträger hinten abziehen, die Teile zuordnen und an das Fenster kleben. Dabei die kleinere Flamme jeweils vorne auf die größere setzen.

Im Wald

Vorlage C

Material
selbstklebende Transparentfolie in Grün, Braun; schwarzer Folienstift

Ausführung
Die grüne Folie mit der Rückseite nach oben auf den Vorlagenbogen legen und die Konturen des Tannenbaums mit Folienstift nachziehen, Hasen und Reh auf die braune Folie übertragen. Alle Teile ausschneiden und den Tieren mit dem schwarzen Folienstift auf der Vorderseite Augen aufmalen. Die Trägerfolie hinten abziehen und die Motive dekorativ ans Fenster kleben.

Tip: Mehrere Kinder können eine große Winterlandschaft gestalten, wenn jedes Kind ein Tier oder einen Baum ausschneidet. Mit weißer Fingerfarbe wird zusätzlich eine winterliche Stimmung an das Fenster gezaubert, indem die Kinder zwischen die aufgeklebten Motive Berge oder Schneeflocken malen.

Nikolaus mit Teddybär

Vorlage D

Material
Fotokarton in Schwarz; Transparentpapier in Weiß, Rot, Rosa, Lila, Braun; Klebstoff; Faden

Ausführung
Das Motiv vom Vorlagenbogen auf den schwarzen Fotokarton durchpausen. Zunächst an allen Außenkanten entlang ausschneiden, dann die Innenflächen herausschneiden. Die Transparentpapiere passend zurechtschneiden und die Stiefel und den Teddybären mit Braun, Hose, Mantel und Mütze mit Rot hinterkleben. Bart und Pelzbesatz in Weiß gestalten, die Handschuhe in Lila, das Gesicht in Rosa. Aus rotem Transparentpapier die Nase ausschneiden und von hinten auf das Gesicht kleben. Aus schwarzem Fotokarton das Gesicht des Teddybären und das Auge des Nikolaus zurechtschneiden und auf der Vorderseite anbringen.

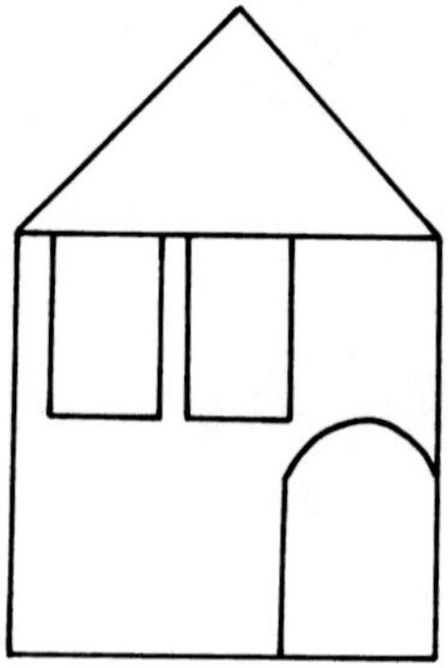

Lichterstadt

Vorlage E

Material
Fotokarton in Schwarz; Transparentpapier in Rot, Braun, Gelb, Blau, Grün, Dunkelgrün, Pink, Rosa; Regenbogen-Transparentpapier in unterschiedlichen Farbabstufungen; Klebstoff

Ausführung
Die Häuserreihe mit Hilfe von Kohlepapier auf den schwarzen Fotokarton übertragen und die gestrichelten Linien mit einem Falzbein falzen oder mit einer Schere leicht anritzen. Dann zunächst die Außenkanten, anschließend die Innenflächen ausschneiden. Für die Dächer rotes, die Fenster gelbes, die Türen braunes Transparentpapier passend zurechtschneiden und die Flächen damit hinterkleben, die Hauswände in verschiedenen Farben oder mit Regenbogen-Transparentpapier in unterschiedlichen Farbabstufungen gestalten.
Nun die Tischlaterne an den Falzlinien zum Haus falten, an der markierten Klebefläche zusammenkleben und ein kleines Teelicht hineinsetzen.

Tip: Bauen Sie sich doch für die Adventszeit eine ganze Lichterstadt!

Eisbär

Vorlage F

Material
Fotokarton in Schwarz; Transparentpapier in Weiß, Hellblau, Mittelblau, Dunkelgrün, Braun, Dunkelgelb; Klebstoff

Ausführung
Das Motiv auf den schwarzen Fotokarton übertragen und entlang der Außen- und dann der Innenkonturen ausschneiden. Den Himmel mit passend zurechtgeschnittenem Transparentpapier in Mittelblau, die hintere Schneefläche mit Hellblau, den Eisbären und die vordere Schneefläche mit Weiß hinterkleben. Den Tannenbaum in Dunkelgrün, den Stamm in Braun, den Stern in Dunkelgelb gestalten. Nach den auf dem Vorlagenbogen gestrichelt gezeichneten Flächen das Ohr und die „Wange" aus dunkelgelbem Transparentpapier ausschneiden und von hinten aufkleben. Das Auge aus schwarzem Fotokarton auf der Vorderseite anbringen.
Das Standbild an den gestrichelten Linien mit dem Falzbein falzen oder mit der Schere leicht anritzen und dann die beiden Seitenteile etwas nach hinten falten.

Schneemann

Vorlage G

Material
Fotokarton in Schwarz; Transparentpapier in Weiß, Dunkelgrün, Braun, Orange; Regenbogen-Transparentpapier im Farbverlauf Gelb-Grün, Blau-Grün, Lila-Blau; Klebstoff; Faden

Ausführung
Das Motiv vom Vorlagenbogen auf den schwarzen Fotokarton durchpausen und zunächst den Rahmen außen ausschneiden, dann alle Innenflächen herausschneiden. Die Flächen mit passend zurechtgeschnittenen Transparentpapieren hinterkleben, die Tannenbäume mit Dunkelgrün, Schneemann, Schneebälle und die Wiese mit Weiß, die Nase mit Orange, den Hut und den Baumstamm mit Braun. Für das Hutband Regenbogen-Transparentpapier im Farbverlauf Gelb-Grün, für den Himmel im Verlauf Blau-Grün und für den Schal im Verlauf Lila-Blau verwenden. Aus schwarzem Fotokarton die Augen und drei Knöpfe ausschneiden und vorne auf das Transparentpapier kleben.

Sterne

Vorlage H

Material
Fotokarton in Schwarz; Transparentpapier in Gelb, Dunkelgelb, Orange; Rot; Regenbogen-Transparentpapier im Farbverlauf Gelb-Orange,; Klebstoff; Faden

Ausführung
Die einzelnen Sterne auf schwarzen Fotokarton durchpausen, dann die Innenflächen herausschneiden und den kleinen Stern (rechts oben) mit Orange hinterkleben. Bei dem mittelgroßen Stern (links unten) die Mitte mit Dunkelgelb, die Außenzacken mit Rot hinterkleben. Den Stern mit Kometenschweif (links oben) innen mit Gelb, den ganzen Stern noch einmal mit Dunkelgelb, den Schweif mit Regenbogen-Transparentpapier im Verlauf Gelb-Orange gestalten. Beim großen Stern (rechts unten) den Innenstern mit Dunkelgelb und die Außenzacken mit Regenbogen-Transparentpapier im Verlauf Gelb-Orange hinterkleben.

Engel

Vorlage I

Material
Fotokarton in Schwarz; Transparentpapier in Gelb, Dunkelgelb, Rot, Braun; Regenbogen-Transparentpapier im Farbverlauf Gelb-Orange, Lila-Gelb; Klebstoff

Ausführung
Das Motiv auf schwarzen Fotokarton durchpausen und zunächst die Außenkonturen des Bildes ausschneiden. Die gestrichelten Linien mit einem Falzbein falzen oder mit einer Schere leicht anritzen. Nun alle Innenflächen herausschneiden. Die Transparentpapiere passend zurechtschneiden. Die Sterne mit Gelb, Dunkelgelb und Regenbogen-Transparentpapier im Verlauf Gelb-Orange hinterkleben, die Kerze mit Rot, die Flamme mit Gelb. Den Engel als eine Fläche aus Regenbogen-Transparentpapier im Verlauf Lila-Gelb ausschneiden, Gesicht, Arme und Kerze herausschneiden und dann das Regenbogen-Transparentpapier hinter den Engel kleben. Gesicht und Arme mit Braun gestalten, Augen, Mund und Nase aus schwarzem Fotokarton anfertigen und auf der Vorderseite aufkleben. Abschließend die Seitenteile des Standbildes etwas nach hinten falten

Tannenbaum

Vorlage J

Material
Fotokarton in Schwarz; Regenbogen-Transparentpapier im Farbverlauf Gelb-Orange; Klebstoff; Faden

Ausführung
Das halbe Tannenbaummotiv auf Transparentpapier oder weißes Papier durchpausen, das Papier umdrehen und die andere Hälfte gegengleich durchzeichnen, dabei auf Paßgenauigkeit achten. Dann den Tannenbaum auf Fotokarton durchpausen und die Außenkonturen und die Sterne innen ausschneiden. Die Sterne mit passend zurechtgeschnittenem Regenbogen-Transparentpapier im Verlauf Gelb-Orange hinterkleben.

Pinguine

Vorlage K

Material
Fotokarton in Schwarz; Transparentpapier in Weiß, Dunkelgelb, Zitronengelb, Rot; Regenbogen-Transparentpapier im Farbverlauf Rot-Lila, Blau-Grün; Klebstoff; Faden

Ausführung
Das Motiv vom Vorlagenbogen auf den schwarzen Fotokarton durchpausen. Die Pinguine zunächst an den Außenlinien ausschneiden, dann die Innenflächen herausschneiden, das schwarze Federkleid der Pinguine dabei stehenlassen. Die Transparentpapiere passend zurechtschneiden. Bauch und Augenpartien der Pinguine, Mützenbesatz und Bommel mit Weiß, die Mützen mit Rot, Schnäbel und Füße mit Dunkelgelb hinterkleben. Die Kerzenflamme mit Zitronengelb, die Kerze mit Regenbogen-Transparentpapier im Verlauf Rot-Lila und den Schal im Verlauf Blau-Grün gestalten (natürlich kann für die Kerze und den Schal auch einfarbiges Transparentpapier verwendet werden). Die Augen aus schwarzem Fotokarton ausschneiden und auf der Vorderseite aufkleben.

Schneemänner unter Sternen

Vorlage L

Material
Fotokarton in Schwarz; Transparentpapier in Weiß, Gelb, Orange, Pink, Rot, Grün, Lila, Hellgrün, Braun, Blau; Klebstoff

Ausführung
Die Tischlaterne zeigt auf jeder der vier Seiten das gleiche Motiv, die Schneemänner sind jedoch in den Farben unterschiedlich gestaltet. Auf dem Vorlagenbogen finden Sie die Zeichnung für eine Motivseite.
Zuerst das Motiv auf schwarzen Fotokarton durchpausen und die drei weiteren, motivgleichen Seiten daneben pausen. Die seitliche Klebelasche nur bei der ersten Seite anzeichnen. Die gestrichelten Linien an einem Lineal entlang mit einem Falzbein falzen oder mit einer Schere leicht anritzen. Erst die Umrisse der Laterne ausschneiden, dann alle Innenflächen. Die Transparentpapiere passend zurechtschneiden und die Sterne mit Gelb und Orange, die Schneemänner mit Weiß und ihre Nasen mit Orange hinterkleben. Hüte, Hutbänder und die Schals in unterschiedlichen Farben gestalten. Abschließend die Bodenkanten und die Ecken vorsichtig umfalten und an der seitlichen Lasche zukleben.

Weihnachtsmann im Schlitten

Vorlage M

Material
Fotokarton in Schwarz; Transparentpapier in Braun, Rot, Rosa, Rostrot, Hellgelb, Gelb, Dunkelgelb, Orange, Hellblau, Hellgrün, Dunkelgrün, Lila, Weiß; Klebstoff; Faden

Ausführung
Die Motive auf schwarzen Fotokarton durchpausen. Zunächst alle Außenkonturen ausschneiden, dann die Innenflächen herausschneiden. Die Transparentpapiere passend zurechtschneiden und den Schlitten mit Braun, die Geschenkpäckchen mit Bändern nach dem Foto mit Orange, Rostrot, Hellgrün, Hellblau, Hellgelb und Gelb, die Sterne mit Gelb und Dunkelgelb hinterkleben. Die Tanne mit Dunkelgrün, Mantel und Mütze des Weihnachtsmanns mit Rot, seine Handschuhe mit Lila gestalten. Bart, Mützenbesatz und Bommel mit Weiß, das Gesicht und das Ohr mit Rosa hinterkleben. Die Nase aus rotem Transparentpapier ausschneiden und von hinten auf das Gesicht kleben. Das Auge aus schwarzem Fotokarton zuschneiden auf die Vorderseite des Gesichts kleben.

Weihnachtssterne

Vorlage N

Material
Fotokarton in Schwarz; Transparentpapier in Rot, Gelb, Dunkelgrün; Klebstoff; Faden

Ausführung
Das Motiv vom Vorlagenbogen auf schwarzen Fotokarton übertragen. Die Blüte zunächst an den Außenlinien ausschneiden. Dann die Innenflächen herausschneiden, für die kleinen Blütenkelche am besten eine Nagelschere verwenden. Das Transparentpapier passend zurechtschneiden und die Blätter mit Dunkelgrün, die Blüte mit Rot und die Blütenkelche mit Gelb hinterkleben. Mehrere Blüten zu einem Fensterbild anordnen.

Tip: Die Weihnachtsterne sehen auch als Bordüre an jedem Fenster dekorativ aus. Einzeln sind sie ein schönes Mitbringsel.

Christophorus Freizeit Kreativ

Printed in Germany
ISBN 3-419-55777-9

Styling und Fotos: Roland Krieg, Waldkirch
Reinzeichnungen:
Monika Neubacher-Fesser
Textredaktion: Dr. Ute Drechsler-Dietz
Umschlaggestaltung: Michael Wiesinger
Satz und Litho: Printproduction, Umkirch
Herstellung: Freiburger Graphische Betriebe, 1995